VOREPPE

EN 1814

GRENOBLE
IMPRIMERIE E. VALLIER ET Cie
boulevard de Bonne, 1

1893

VOREPPE

EN 1814

GRENOBLE
IMPRIMERIE E. VALLIER ET Cie
boulevard de Bonne, 1

1893

VOREPPE

EN 1814

En 1885, au moment où divers détachements de la garnison de Grenoble se réunissaient à Voreppe et ses environs pour s'exercer à des manœuvres d'attaque et de défense, nous avions pensé qu'il était intéressant pour nos compatriotes de leur rappeler que ce point si important et si bien choisi, à l'entrée des Alpes, pour exécuter le simulacre d'un combat, fut en 1814 un de ces nombreux champs de bataille où la France, accablée et épuisée, faisait un dernier effort. Nous en avions alors publié un récit très abrégé auquel nous ajoutons aujourd'hui quelques détails complémentaires.

Les Souverains de l'Europe, las du despotisme et de la puissance de Napoléon, s'étaient coalisés plus étroitement que jamais et, encouragés par la défaite de l'armée française à Leipsick, le 19 octobre 1813, ils marchèrent sur Paris avec un million d'hommes.

Au nord, nos frontières sont livrées par la défection aux Prussiens et aux Russes ; à l'Est, le général Bubna, à la tête de 90,000 Autrichiens, entre à Genève le 30 décembre 1813 et, violant les lois de la neutralité, traverse la Suisse, envahit la Franche-Comté, le Bugey et la Savoie. Il était aux portes de Lyon et sur les limites mêmes de notre département ; avec une division il prend position à Montmélian, Chambéry et les Echelles, pouvant y disposer d'un nombre de soldats bien supérieur au nôtre.

Le général Marchand, qui commandait le département de l'Isère, se prépara à le défendre énergiquement. Malgré ses efforts et son activité, il ne put mettre en ligne qu'un petit corps d'armée, formé de troupes de ligne, de gardes nationales mobilisées et de corps francs. D'anciens militaires accoururent avec enthsusiasme se joindre à lui.

Les Alliés, d'abord repoussés, reviennent avec de nouvelles forces, et après avoir repris Chambéry, nous attaquent sur toute la ligne le 23 janvier 1814. Le général Dessaix, sous les ordres de Marchand, résiste avec vigueur, et, après plusieurs combats meurtriers, arrête leur marche sur Grenoble, à Barraux et à la Chavanne.

Les Echelles étaient défendues par un bataillon du 18e léger et les habitants du pays, commandés par le vieux général de Barral, qui se dévoua malgré son âge et la rigueur de la saison. Le passage de la Grotte était protégé par deux pièces de canon dirigées par le capitaine Debelle, ancien officier d'artillerie en retraite et amputé d'une jambe.

Sur ce point, ne pouvant plus résister à un ennemi supérieur en nombre, notre troupe se retira le 31 janvier, sur le défilé du Crossey et le col de la Placette.

Lyon et Grenoble étant menacés par une forte division de Bubna, il était temps qu'on vînt à leur secours. Le Maréchal Augereau, envoyé à Lyon, y organise une armée de 24,000 hommes. Le 12 février il attaque Bubna et le repousse du Bugey et de la Franche-Comté jusque sous les murs de Genève, le 1er mars. Du côté de la Savoie, Marchand et Dessaix, reprenant l'offensive avec un corps de 12,000 hommes, s'emparent de Montmélian et de Chambéry ; le colonel Cubières, avec un bataillon du 18e léger, occupe les Echelles ; et par un mouvement d'ensemble ils chassent l'ennemi de la Savoie et prennent position à Carouge.

Bubna s'était enfermé dans Genève ; Augereau se disposait à l'y attaquer lorsqu'il apprend que l'armée autrichienne a reçu un renfort considérable de Hongrois, de Croates et d'une nombreuse cavalerie; il rétrograde et opère sa retraite sur Lyon, poursuivi par une division de Bubna, commandée par Bianchi, et par un corps de 40,000 hommes sous les ordres du prince de Hesse-Hambourg ; ne pouvant agir contre de telles forces, le Maréchal Augereau se retire dans Lyon et, sans chercher aucun moyen de le défendre, il l'abandonna lâchement. Cette seconde capitale de la France capitula le 21 mars.

Dans le même temps, Marchand fit aussi rétrograder son armée en disputant bravement le terrain à Bubna qui le poursuivait avec 30,000 combattants; il s'établit solidement dans ses anciennes positions, à Barraux et à la Chavanne ; grâce à ces dispositions Grenoble était couvert.

Le colonel Cubières, chargé de défendre Voiron avec quelques bataillons des 18e léger, 11e et 75e de ligne, battit à Chirens, le 28 mars, une colonne autrichienne qui, renforcée de 15,000 hommes envoyés de Lyon et commandés par le général Hardeck, reprit l'offensive.

Le colonel Cubières ne pouvant lutter contre le nombre, se replia sur Voreppe. Prévoyant qu'il y serait attaqué par l'armée de Hardeck, campée sur les hauteurs de Saint-Jacques, il hâta les travaux de défense; dans la partie de la plaine comprise entre le rocher de la Balme et l'Isère on creusa des fossés ; sur la rive droite de la Roise on éleva des retranchements ; les chemins de communication furent coupés par des levées de terre. L'artillerie était sous les ordres du capitaine Debelle qui fit placer deux canons sur le rocher des Buissières et deux autres au bas de la descente du bourg, à un détour de la route de Moirans d'où l'on découvre les maisons de la Poste. La position de la Placette fut renforcée ; de ce côté, l'ennemi avait renoncé à nous inquiéter depuis le jour où il perdit un détachement tout entier engagé dans un sentier escarpé !

L'effectif dont pouvait disposer le colonel Cubières se composait de 1,200 hommes du 18e léger, de 1,000 soldats d'autres troupes de ligne, de 1,000 gardes nationaux ou douaniers mobilisés, de quelques hussards et de 60 artilleurs appartenant presque tous à la marine ou aux gardes-côtes. Des habitants de Voreppe et des environs s'armèrent et prirent une part courageuse à une lutte où ils avaient à défendre leur propre foyer.

Le 2 avril, par une belle journée de printemps, à une heure de l'après-midi, le canon des Buissières annonça l'approche de l'ennemi qui s'avançait sur la route de Moirans et nous attaquait sur plusieurs points. Le mouvement des troupes, le bruit retentissant d'un combat et l'émotion des habitants produisirent une saisissante animation. L'auteur de ce récit, alors âgé de dix ans, fut témoin oculaire de cet engagement que le temps n'a pu lui faire oublier et qu'il se plait à rappeler aujourd'hui. La fusillade et la canonnade se firent entendre dans la plaine où nos braves soldats défendaient pied à pied les chemins, les haies et les fossés. Repoussés par le nombre jusqu'aux retranchements de la rive droite de la Roise, ils y résistèrent quelque temps; mais ne pouvant plus s'y maintenir, ils vinrent s'abriter derrière la digue de la rive gauche. Le colonel Cubières les fit soutenir par quelques compagnies et les encourageait d'ailleurs par sa présence et sa bravoure. Là, un combat acharné s'engagea, nos soldats y montrèrent un courage héroïque, et firent subir de nombreuses pertes à l'ennemi dont les morts couvraient les abords du torrent.

Pendant qu'on se battait dans la plaine et sur les bords de la Roise, un corps de lanciers autrichiens s'avançait par la route de Moirans ; la batterie des Buissières, malgré la distance, lui fit essuyer d'assez graves pertes ; celle de la route tua une centaine d'hommes et de chevaux dès qu'ils eurent dépassé la Poste. Les tirailleurs autrichiens inquiétaient nos canonniers ; l'artillerie ennemie tirait de plus près ; un sous-officier français fut tué à côté de nos pièces par un boulet dont la trace se voit encore sur un portail en pierre, et les lanciers, s'avançant toujours malgré leurs pertes, il devint urgent de faire rétrograder l'artillerie. Le capitaine Debelle prit de suite les dispositions pour la défense du pont de Voreppe; une pièce battait la rive droite de la Roise occupée par l'ennemi, trois autres pièces étaient mises en batterie en tête du pont, dans la direction de la route de Moirans, et lorsque les cavaliers autrichiens débouchèrent par le détour du bas de la descente, ils furent foudroyés par la mitraille; ce qui arrêta leur marche et donna aux bataillons qui combattaient sur la Roise, le temps de se replier en bon ordre au moment où un régiment de dragons, qui arrivait par les bords de l'Isère, allait les envelopper en les tournant par le hameau de Brandegaudière. Le colonel Cubières ordonna la retraite et s'arrêta sur le plateau du Chevalon d'où nos pièces lancèrent encore quelques boulets sur un escadron autrichien à sa sortie du bourg; des cavaliers et des chevaux furent tués près de l'auberge du Petit-Grenoble. La nuit, qui approchait, mit fin au combat.

Il était quatre heures du soir quand les Autrichiens entrèrent dans Voreppe; exaspérés par notre résistance et surtout par les pertes qu'ils avaient éprouvées, ils menacèrent le pays du pillage et de l'incendie; quelques notables intercédèrent auprès de leur chef qui se contenta d'une forte indemnité en argent et en vivres.

Dans cette affaire, les Autrichiens eurent plus de 400 tués ou blessés; un ingénieur qu'ils avaient envoyé pour explorer les bords de l'Isère, y fut tué d'un coup de feu tiré de la rive gauche par un habitant de Veurey. Les Français eurent à regretter une cinquantaine d'hommes parmi lesquels deux habitants, Pouquet, charbonnier, et Parot, cultivateur. Un nommé Guillot et d'autres anciens artilleurs s'étaient joints aux canonniers des Buissières; un bataillon du 18e léger n'était composé que de conscrits du département qui se battirent néanmoins comme de vieux soldats. Le détachement de la Placette, passant par les hauteurs de Voreppe, rejoignit les troupes du colonel Cubières qui vint se retrancher entre la Buisserate et le pont de Pique-Pierre. Les deux rives de l'Isère furent mises en état de défense et il attendit dans cette position l'attaque des Alliés.

Ceux-ci avaient établi leur quartier-général à Voreppe et se préparaient à marcher sur Grenoble, lorsqu'on apprend la reddition de Paris livré par la trahison de Marmont aux Alliés qui y entrèrent le 31 mars.

La paix y fut signée avec l'Europe qui nous imposa la Restauration.

Le 10 avril, Grenoble reçut une garnison autrichienne, logée et nourrie par les habitants.

Le 28 mai, les Alliés évacuèrent notre département ; nous étions enfin délivrés de nos envahisseurs.

A. DEBELLE,

de Voreppe.

Grenoble, 2 août 1893.

9457. — Grenoble, imprimerie E. Vallier et Cie

www.ingramcontent.com/pod-product-compliance
Ingram Content Group UK Ltd.
Pitfield, Milton Keynes, MK11 3LW, UK
UKHW012134240726
13965UKWH00005B/2174